LA SUBASTA DE UN ALMA

I0412352

"NO TE COMPRAN SI NO TE VENDES"

RAÚL OJEDA

PUBLICACIÓN

Título original:
La Subasta de un Alma
Autor y Editor:
Raúl Ojeda
Diseño de portada e ilustración:
Raúl Ojeda
Primera Edición:
Marzo, 2016
ISBN: 978-1520118949

Esta publicación no puede ser reproducida, ni en todo ni en parte, ni registrada en o transmitida por un sistema de recuperación de información, en ninguna forma ni por ningún medio, sea mecánico, fotoquímico, electrónico, magnético, electroóptico, por fotocopia o cualquier otro, sin el permiso previo, por escrito del autor.

"También debes saber esto: que en los postreros días vendrán tiempos peligrosos. ²*Porque habrá hombres amadores de sí mismos, avaros, vanagloriosos, soberbios, blasfemos, desobedientes a los padres, ingratos, impíos,*³*sin afecto natural, implacables, calumniadores, intemperantes, crueles, aborrecedores de lo bueno,* ⁴*traidores, impetuosos, infatuados, amadores de los deleites más que de Dios,* ⁵*que tendrán apariencia de piedad, pero negarán la eficacia de ella; a éstos evita"* (2 Timoteo 3:1-5).

Para mis familiares y a un ser especial:
Rafael E. Ojeda aunque no esté junto
a nosotros su legado perseverará
en el tiempo y el espacio.

Expresar ideas racionales es una característica del ser humano que lo diferencia de las otras especies, personalmente considero que escribir es un arte y una puerta que conduce a liberar lo que siente mi corazón y la manera en la que me gustaría que fuera el mundo para una mejor sociedad; en esta etapa de mi vida a pesar de que he vivido poco tiempo, sé una cosa: el ser humano quiere ser feliz y gozar de todos los privilegios del amor, pero en algunas ocasiones en esa intensa búsqueda se desvía de su propósito y llega a un hoyo lleno de adversidades y problemas que conducen a tristezas, egoísmos, soledades, perversidades y en muchos casos se pierde la Fe tanto en Dios como en la vida.

Con una fuerza muy poderosa he adquirido el compromiso con Dios, con mi país, con la sociedad, con mis familiares, con mis amigos y con toda persona que se goce plenamente en la práctica de los valores, principios y virtudes, para la creación de una refrescante historia con la misión de conmover, traer reflexiones de la vida e intentar recuperar la verdadera esencia del Ser Humano en este mundo. Por eso estimado lector hago la siguiente salvedad: todas las personas que escribimos, no estamos inmune a los problemas y al dolor, en algún momento de nuestras vidas hemos sentido que nada vale la pena, que la esclavitud a un pensamiento, a una idea, a una persona algunas veces lo que trae es prisión a nuestro corazón y por ende a nuestros sentimientos. La respuesta a la felicidad y al goce pleno de una vida alegre radica en la libertad; en fin esta historia estará cargada de experiencias y vivencias que Dios me ha permitido vivir.

Hoy, al igual que todos los días me levanté temprano, al abrir mis ojos pude descubrir mi primer pensamiento: había algo allí que me dio una felicidad inmensa en mi corazón y sabes ¿qué era? tenía en frente de mí una nueva oportunidad que el Señor de todo el universo me ha permitido vivir, *¡estoy vivo!*; mi corazón late, mi manos se mueven, mis pulmones respiran, mi cerebro funciona, mis ojos ven, miran y observan, mis oídos oyen y escuchan, mis cinco sentidos están a pedir de boca; entonces comprendí: - **"El mayor problema que podemos tener es no estar vivo espiritualmente, no poder respirar aire de honestidad, no poder sentir la brisa de la paz en nuestra piel y no poder compartir con nuestros seres queridos el amor".**

La vida está llena de grandes vivencias, de grandes aventuras, de inmensas bendiciones, pero para poder vivir a plenitud es necesario moldear nuestra personalidad, caracteres y sentimientos a la imagen de nuestro Creador, para ello cada día tendremos luchas, decepciones, tristezas, angustias, aflicciones, temores, caídas pero a todo eso yo le digo: - Dios no te ha dado espíritu de cobardía ni temor, sino de amor, paz y dominio propio.

La imperiosa necesidad de escribir sobre lo que he denominado **"la subasta de un alma"**, surge por el desmesurado desmoronamiento de los grandes principios y valores que debemos hacer prevalecer en la sociedad actual, y cuya consecuencia es la *"venta"* desproporcionada de la honestidad de algunos individuos con poder a los mejores postores que benefician a pocos pero afectan a muchos.

Estimado Lector: ¿Había usted escuchado antes de las *subastas de almas* y cómo están exterminando la verdadera esencia del Ser Humano?

Si no lo sabe esta es su oportunidad para emprender un espléndido viaje y así comprender los factores sociales, económicos, culturales, religiosos y políticos que generan este fenómeno, y qué hacer para combatir la mayor peste del siglo XXI: *"La Corrupción del Alma en todas sus mutaciones"*.

EL AUTOR

CAPÍTULO 1: ¿QUÉ SOMOS REALMENTE?

Para todos los creyentes en Dios, en su Poder Absoluto y Único comenzaré estas líneas trayendo a colación las siguientes citas bíblicas:

"Hagamos al hombre a nuestra imagen, conforme a nuestra semejanza" **(Génesis 1:26).**

"Por la fe sabemos que el universo fue formado por la palabra de Dios, de manera que lo que se ve resultase de lo que no aparece" **(Hebreos 11:3).**

"Porque de tal manera amó Dios al mundo, que ha dado a su Hijo unigénito, para que todo aquel que en él cree, no se pierda, mas tenga vida eterna" **(Juan 3:16).**

"Mas el fruto del Espíritu es amor, gozo, paz, paciencia, benignidad, bondad, fe, mansedumbre, templanza; contra tales cosas no hay ley" **(Gálatas 5:22-23).**

"No torcerás el derecho, no harás acepción de personas, no aceptarás soborno, porque el soborno cierra los ojos de los sabios y corrompe las palabras de los justos" **(Deuteronomio 16:19).**

Ahora bien, realizaré individualmente las siguientes preguntas:

- ¿Qué es el ser humano?

- ¿Qué significa que seamos racionales?

- ¿Qué son los Valores, Principios y Virtudes?

- ¿Qué es la vida?

Y la pregunta que capaz engloba todas las anteriores: ¿Para qué vinimos realmente a este mundo?, posiblemente ante cada interrogante tu mente intente buscar un respuesta que a tu paracer es lógica y a su vez es el reflejo de tu manera de concebir la vida.

Pero te ayudaré a conciliar las respuestas con estas dos historias a la cual he denominado: *"Diferentes oportunidades crean diferentes destinos"*.

MAURICIO EL GRAN AFORTUNADO

Mauricio ha nacido en el seno de un familia promedio de clase media, ha sido formado en todas las etapas de su vida bajo una estricta supervisión de sus padres (quizás exageraron un poco en la manera de hacerlo); como por ejemplo Mauricio tenía un cronograma de actividades diarias que involucraban deporte, matemáticas y algunas recreativas; a veces suelo asociarlo como métodos de las artes militares (digo por lo estricto), pero para sus correctísimos padres es la mejor manera de hacerlo en un mundo que evoluciona a pasos agigantados y en dónde ciertas libertades a su parecer son inaceptables, piensan: -pareciera que los niños nacen con palabras en sus bocas y con el Don de decidir qué hacer y qué no. Para este Joven en fase de crecimiento, madurez física y espiritual surgen muchas dudas sobre cambios que observa a su alrededor pero que cierto miedo que a veces confunde con respeto a sus padres lo conlleva a mantenerlo en secreto, y en sus momentos de libertad y soledad comienza a tratar de entender y entre las cosas que se pregunta están: ¿Por qué mis padres no preguntan mis gustos?, ¿Por qué me controlan tanto?, ¿Por qué debo hacer las cosas que a ellos les gusta?, ¿Por qué en mis vacaciones anuales debo hacer cursos académicos en lugar de disfrutar mis días?, ¿Por qué tengo pocos amigos?, ¿Por qué debo ir obligado a la iglesia todos los domingos?, ¿Por qué no puedo conocer libremente chicas?, y así pasa parte de su tiempo libre Mauricio pensando en centenares de interrogantes.

Un día el chico ya con dieciséis años logra una de las metas más anheladas de sus Padres: Ingresar a la Universidad para realizar su carrera profesional, pero hay un detalle que los afectan emotivamente: la universidad queda a trescientos kilómetros desde su hogar, algo muy difícil para ellos considerando que Mauricio nunca ha estado fuera de su alcance; esto hace muchas noches de desvelo tanto para el chico como para ellos, nuevas dudas surgen: Mauricio se pregunta: ¿Cómo será estar sólo?, ¿Cómo será vivir sin mis amados Padres?, ¿Cómo será estudiar en la universidad?, ¿Podré adaptarme rápidamente?, y por el lado de los Padres las interrogantes eran: ¿Cómo hará para comer?, ¿Cómo se cuidará sólo?, ¿Y si se enferma cómo hará?, ¿Cómo se trasladará hasta la universidad?, ¿Y si conoce a malas personas?, ay Dios que miedo me da con mi hijo fuera de casa – expresaba su madre aterrorizada ante la inminente partida de Mauricio a la Universidad.

Llegó el día más esperado para Mauricio y el más terrorífico para sus padres: llevarlo hasta su nueva residencia para inicio de clases, en el trayecto hasta el nuevo destino el silencio en el coche fui inminente, cada una de las mentes estaban revolucionadas de pensamientos acerca de los nuevos cambios que estaban por comenzar, en la de papa había una alegría por la nueva meta de su hijo pero a su vez una gran nostalgia por dejarlo ir, en la mente de mamá las revoluciones de pensamientos era más arraigada y profunda, todo nublado por temores en la nueva vida que emprendería su hijo, y en la mente de Mauricio había un torbellino de ideas de las cosas por venir, pero consciente de que su lucha sería por honrar a sus padres logrando tan anhelado título universitario; cuando llegan a la residencia, mamá y papá comienzan a bajar sus cosas: maletas con su ropa, bolsas con muchas cosas para su nueva rutina y una cava refrigerada con alimentos cocidos y en dónde lo relevante que se podía apreciar era la enumeración de cada envase con los días de la semana, ya que mamá consideró traerle su comida lista y que la única preocupación de su hijito fuera calentar su comida y dedicarse plenamente a sus estudios; pasadas ciertas horas papá le dice a mamá: - Oye amor es hora de regresar a casa, antes que se haga más tarde, en eso mamá contiene su respiración, sus mejillas y orejas se tiñen de cierto color rojizo e inmediatamente lágrimas se dejan caer como cálidas gotas de lluvias, corre hacia su hijo y con un apretón tan fuerte como pudo abrazó a Mauricio y le dice con voz quebrantada: - Hijo mío, mi niño amado no sabes cuánto me duele dejarte entre estas cuatro paredes, cuánto has crecido bebé, quiero que sepas que aquí se queda mi corazón contigo, no será fácil para ninguno y le dice a su esposo: - ¿Verdad papá que él es nuestro sol, nuestra razón de vivir?, en eso su esposo se acerca y los abraza con todo su amor y le responde: sí mi amor, Mauricio es nuestra razón, nuestro niño y nuestro futuro profesional, con las emociones desbordadas llega el turno de Mauricio y les dice con lágrimas: - yo también los amo con todas mis fuerzas, y estén seguro que lucharé aquí por ustedes, gracias papá y gracias mamá por convertirme en lo que soy y en lo que me convertiré; como una brillante escena de amor pasan los tres abrazados como si fuera su último día juntos. Y así Mauricio con la convicción de halagar a sus padres inició con buen pie sus clases, y cuando algo lo molestaba, lo irritaba o derrumbaban su mundo interior, sacaba fuerzas desde lo más profundo de su ser recordando aquel día en que le prometió a su mamá lograr sus objetivos.

FERNANDO, UN NIÑO DEL INFORTUNIO

En el mismo país pero en un cambio brusco de caminos y de oportunidades, se encuentra Fernando, quién nació en el seno de una familia muy humilde en su situación económica y agitada por las grandes peripecias en su vida; es hijo de un obrero de la construcción y de una ama de casa, obviamente el problema de Fernando no radica en las actividades a las cuales se dedica sus padres sino en las actitudes y acciones a las cuales siempre recurre su padre. Fernando se levanta todos los días religiosamente para ir a la escuela, lugar que tanto lo hace feliz por sus amigos y las cosas maravillosa que aprende allí, es un chico muy aplicado en las cosas que hace, y valora enormemente toda las cosas buenas que generalmente le ocurren en su día a día; pero la parte triste en la vida de Fernando es que muchas veces se sienta solo a meditar con mucha preocupación, apartado del grupo de compañeros en la hora de la merienda, y se preguntarán: ¿Por qué ocurrirá eso en un niño tan inteligente y gentil como él?, la respuesta a esto radica en que cada vez que él retorna a casa con una sonrisa contagiosa por su alto puntaje en un examen su padre con una amargura eterna le dice: - Deja la sonrisa que traes, ¿tú crees que con eso aquí en la casa mejorarán las cosas?, deberías de dejar de estar yendo a esa escuela a perder tu tiempo, yo te necesito es aquí ayudando a tu mamá, y para el colmo en esa escuela piensan que nosotros somos millonarios, cada día piden cosas y cosas que nosotros no podemos comprar, dime algo Fernando: - ¿qué has aprendido en esa escuela?, - seguramente nada, cada vez que te veo vienes corriendo y con el uniforme sucio, ¿será que crees que tu mamá es tu esclava?, es más ya me harté, no quiero seguir peleando; y así su padre iracundo abre la puerta de la casa y con poca amabilidad la cierra; en eso mamá con un rostro de terror, angustia, impacto y desdicha se dirige hacia su hijo y lo abraza con mucha fuerza y exclama: - no escuches a tu papá, él no sabe lo que dice, tú eres un hombrecito de bien, muy inteligente y diligente, estoy muy orgullosa de ti, te amo con todas mis fuerzas, en ese instante este pobre chico con lágrimas en los ojos le dice a su madre: - tranquila mamá, yo voy a luchar para ser alguien importante y sacarte de este rancho, ya verás, te voy a convertir en una reina; y mamá le responde: - sí hijito, yo sé, ve a cambiarte para que almuerces; pasan las horas y se oculta el sol y con ello aparece la noche y la inminente llegada del papá de Fernando pero en estado de embriaguez y poco cortes con su madre, alborotado por el efecto del alcohol en su cuerpo le pide a su esposa que le de comida que viene con hambre, ella le responde: - ¿cómo es posible que en lugar de traer comida, vengas en ese estado?, realmente ¿ése es el ejemplo que quieres darle a Fernando?, ante esas palabras, su esposo implosiona en ira y comienza a lanzar al suelo cuanta cosa se encuentra en su camino, en eso ella le pide que se calme porque está destruyendo lo poco que tienen, tal petición de ella hace que su ira se incrementa y se dirige hacia ella de forma violenta, cierra su puño de manera brusca y arremete contra aquella inocente mujer, *sus gritos de agonía retumbaban en aquel rancho: - Suéltame, no me toques, no me golpees, soy mujer, déjame por favor, ya basta por el amor a Dios; Fernando al ver el alboroto corre hacia el lugar y la primera impresión que observa es su progenitor golpeando fuertemente a su amada madre, se siente en el ambiente como si se detiene el tiempo, su corazón late con fuerza y su respuesta es inminente: se arroja sobre su padre a defender a su madre, y éste con su ceguera inminente también lo derriba y le dice: - no te metas, esto es entre tu mamá y yo, fuera de aquí, lárgate, en eso Fernando con velocidad supersónica corre a la salida de la casa a buscar ayuda, grita fuertemente: - Auxilio, mi papá está matando a mamá, ayúdenla por favor, auxilio, auxilio, auxilio, que alguien nos ayude, ante ese alboroto personas cercanas al lugar corretean para ayudarle, y efectivamente cuando llegan al sitio su madre yacía moribunda en un rincón y su padre sentado a un lado se lamentaba de lo que había hecho y exclamaba: - no lo quise hacer, me dejé llevar por la rabia, no lo quise hacer,* perdónenme por favor, no merezco vivir, no me dejen morir; Fernando quedó perplejo y en shock, y expresaba: - ¡mamá, quiero a mi mamá, mamá no te vayas, ayúdenla por favor, no la dejen morir, por favor no me quiten a mi mamá!; y así las ironías de la vida le había hecho una mala jugada a Fernando cuando su mamá no pudo despertar más del sueño profundo en la que su papá la había inducido por actos de violencia, a partir de este momento Fernando nunca volvió a ser el mismo, ya no le importaban las clases, detestaba a todo aquel que se le acercaba a dar cariño porque asumía que lo hacían por lástima tras la ausencia de su mamá y repetidamente decía: - mi papá me quitó a mi mamá, él tampoco merece vivir, su destino debe ser más doloroso que la peor muerte jamás vivida, te detesto papá, te odiaré toda mi vida y con todas mis fuerzas.

¡MUJER QUE GRANDE ERES!

Luego de percibir impotencia, tristeza y dolor por el trágico destino de la mamá de Fernando, fácilmente se puede discernir que en la sociedad actual se ha perdido el valor de la mujer, el hombre imprudente, lleno de rabia y odio desprecia el prestigio e importancia de su existencia; la maltrata, se burla de ella, saca provecho a su conveniencia, pero no se acuerdan que su madre que les dio a luz es mujer, por eso bella mujer tú eres:

"Ser especial, capaz de hacer todo lo que se propone, anhela con su corazón siempre la felicidad y que su amor sea correspondido. El señor Dios te entregó la posibilidad que mantiene al mundo en crecimiento: *"Procrear"*, y llevar dentro de tu vientre un nuevo ser humano al cual Amas más que a tu vida. No te rindes ante los obstáculos de la vida porque sabes

que más grande es lo que está en ti que en dichos problemas. A lo largo de la vida cumples muchos roles: al principio eres la *señorita* de la casa, creces, te desarrollas y siempre eres la que razona sobre lo que quieres en la vida.

Cuando llegas a la *juventud* conoces el amor y si no llegas tanto hasta allá, percibes un sentimiento distinto que tiempos atrás no conocías que pudiera ser una ilusión o algún atractivo hacia el sexo opuesto. Aceptas el reto de entregarle el corazón al que consideras tu príncipe azul, - ése que te hace temblar cuando te toca y habla al oído- ; te gusta que te respeten, te valoren, te den cariño y que te hagan sentir importante. Cuando realmente compruebas que tu príncipe azul es sólo para ti y el que te hará feliz das un paso muy importante, pasas de ser una niña, una adolescente y una joven a una mujer que ahora comparte su corazón, su amor y su lecho, te conviertes en *ESPOSA*.

Y así va pasando el tiempo y con ello sientes que te hace falta algo para complementar ese amor hacia tu pareja; quieres tener una linda familia como todas sueñan desde pequeñas, así decides junto a tu amado esposo tener hijos, en muchos casos programados pero en otros no, así llegas a convertirte en *MADRE*, es un nuevo sentir y pensar, cuando tienes tus hijos, tu vida cambia, pero para bien, amas sinceramente, das todo por su bienestar, te conviertes en su protectora, en su amiga y sabes ¿por qué? - Porque tu hijo es fruto de tu vientre y forma parte de ti, por eso el amor de madre es único y sincero, que pase lo que pase o lo que hagan tus hijos nunca le das la espalda, al contrario ayudas a tus hijos a salir adelante porque tu mayor felicidad es verlos crecer sanamente y que se desarrollen dentro de una sociedad justa y libre de perversidades. Durante muchos años TU: madre das todo por el todo a tus hijos, le das cariño, amor, comprensión, no te gusta verlos llorar y cuando lo hacen tú los consuelas, le das apoyo y todo lo que necesitan hasta que se hacen hombres y mujeres de gran porvenir y con un futuro especial.

Cuando crecen y deciden formar su familia te duele porque se van de tu lado, pero te alegra porque serán grandes esposos, esposas, padres y madres, por otro lado tú te convertirás en una gran *ABUELA*, que cuando llegan los nietos los quieres, los mimas y te llenan de amor y continuas tu ciclo de madre para tus nietos porque siempre los proteges del mal y los guías por la senda de la justicia. Los años pasan y tu cuerpo envejece pero tu espíritu y alma permanecen intactos llenos de amor para tu familia.

- Expreso: **"Como hombre respeto y valoro a la mujer, porque vengo del fruto de su vientre y si no fuera por ese milagro yo no estaría escribiendo esto"**.

TIEMPO DE REDESCUBRIR QUIÉN ERES

Una vez entrelazadas estas dos historias, y sé que en muchos casos alguno de ustedes conoce un caso similar pero es hora de responder las preguntas iniciales:

¿Qué es el ser humano? - Ser maravilloso creado por Dios para habitar la tierra y vivir plenamente de todo sus hermosos recursos de los cuales ha sido dotada de manera justa y proporcional (sin hacer acepción de personas, eso lo inventó el hombre). Fuimos espléndidamente provistos de una *mente* brillante que cada día se pule con cualidades inigualables, un *corazón* que desborda en esplendidos sentimientos, principios y valores, un *espíritu* puro basado en el Amor y Respeto a Dios, una *inteligencia* más que suficiente para resplandecer y hacer de lo extraordinario cosas ordinarias, pero surge una pregunta: **¿todos estos regalos de Dios los hemos usado de la manera correcta?** - La respuesta apriorit es NO, al contrario, hemos utilizado nuestra mente para maquinar planes y acciones en contra de nuestro semejante sin importar las consecuencia; nuestro corazón se utiliza como depósito de amargura, odio, rencor, depresiones, luchas vanas, orgullo, envidia, humillaciones, desprecio, vanidad, mentiras, hipocresía, falta de fe; nuestro espíritu ha sido profanado por corrupciones, amor a los bienes materiales, deseos de poder, satisfacciones personales impropias y hemos apartado a Dios de nuestros corazones, nuestra inteligencia ha sido utilizada para crear armas de destrucción masiva, planes de guerra, explotación del hombre por el hombre, generar pobreza y hambre, destrucción de la naturaleza y nos hemos olvidado de vivir en paz y armonía, haciendo de las guerras y el hambre un negocio lucrativo para ligeras minorías de este mundo, por cierto traigo a colación para reflexión: **el 1% de la población mundial poseen las riquezas del otro 99%**, ¡Vaya!, ¿en qué hemos transformado el mundo?.

La próxima pregunta en responder es:

¿Qué significa que seamos racionales? - Reconocer la propia ignorancia con plena libertad: no hay mayor acto de racionalidad que éste. La razón es simple: con este reconocimiento se afirma que se está siempre en búsqueda de información y de iluminación. Ser racional significa estar siempre dispuesto a aprender, a no dejarse abatir por la dificultad de enfrentar un problema, a conocer algo nuevo. Si alguien dice o escribe algo, entonces puede ser descifrado por otro, ya sea porque afirma algo importante, interesante o estúpido. Cuando el receptor de un mensaje busca la lógica y la razón de lo dicho, se engarza en un proceso de reflexión, en contraste con la propia experiencia que enriquece el conocimiento que tiene del mundo. Si alguien relativiza la palabra humana del otro, pierde la oportunidad de ser racional y, por tanto, hace de la ignorancia un valor y una meta.

Una de las bondades de la razón es que permite la resolución de problemas, y ¿Cómo se puede hacer? Los problemas pueden ser resueltos de dos maneras: o por el descubrimiento de una solución o por la eliminación sistemática de cualquier solución (al menos, a nivel temporal). Una mente sagaz encuentra en un problema la motivación para reflexionar, pensar, adquirir más conocimiento y crecer. Quien se da por vencido o se considera idiota ante un problema, renuncia a ser racional. Cuando un problema es insalvable, la mente crítica sabe reconocer su limitación, evalúa sus yerros y se confía al conocimiento ajeno y al desarrollo de las ideas. Pero, claro, no renuncia a causa de su poco saber, sino que está abierta a la creatividad y a la brillantez que nacen de otro, sin rencor o soberbia, porque ser racional implica estar sediento de sabiduría, no de éxito. Cuando otro ha descubierto lo que nos fatigábamos por encontrar, la alegría del suceso nos impulsa a sacar consecuencias, a ir más allá, a aportar lo que podamos en el proceso de describir la realidad, y a avanzar en lo que, como colectivo, podemos comprender.

¿Qué significa, en cambio, ser irracional? No molestarse en comprender aquello que parece difícil, contentarse con lo que tenemos a la mano y sabemos controlar, creer que se tiene la última razón en todo, contentarse con lo aprendido y no ir más allá de lo consabido.

Millones de personas de cualquier edad, sexo, religión, procedencia y proselitismo político *"sufren"* a diario las consecuencias de la falta de razón, consciencia y sentido de generosidad; pasar hambre, ser víctima de la violencia, pobreza extrema, delitos de lesa humanidad son simples ejemplos del día a día en el mundo actual, la maldad se ha triplicado, se ha hecho parte de lo cotidiano. Y aquí es la parte donde esas personas juegan al *"fracaso"*, y saber realmente que es el fracaso tiene sus complicaciones, puesto que va más allá de lo que se piensa: **"es el resultado obtenido por un deseo no satisfecho"**, éste es un concepto muy reducido y generalizado, así que vamos a desarrollarlo un poco.

¿Qué es el fracaso? Los seres humanos tenemos deseos y más que deseos, sentimientos, nuestra naturaleza humana nos permite satisfacer esos deseos y sentimientos. De esa manera se puede desear por ejemplo un auto último modelo, deportivo descapotable, con accesorios de última generación, para ello se debe ganar dinero que nos permita adquirir ese bien. Si no consigo el dinero habré fracasado, porque no estaré satisfaciendo mi deseo, que no era el de ganar dinero sino el de obtener mi coche último modelo.

Lo dicho anteriormente es un caso común en la mayoría de personas, pero: **¿Qué produce el fracaso?, ¿Por qué hay personas que triunfan bajo condiciones similares de los que no lo logran?**

Igual que los deseos son producidos por sentimientos, el fracaso es producido por un sentimiento negativo llamado *"miedo"*, el cual es el principal responsable de la mayoría de los fracasos en la vida, adicional a esto se pueden mencionar tres pasos que producen el fracaso:

- **No intentarlo**
- **Parálisis**
- **Abandono**

Algunos triunfan bajo condiciones similares de lo que no logran hacerlo porque tienen menos miedos o ninguno de los pasos que conducen al fracaso; son personas que confían en que pueden lograrlo con entusiasmo y sin perder la Fe en lo que desean.

Explicar los pasos que conducen al fracaso tienen muchas variaciones de acuerdo a cada punto de vista y vivencias, pero veamos el siguiente ejemplo personal:

Desde los once años comencé a tener pasión por las letras, la historia y el arte de escribir, durante los años subsiguientes escribí pequeñas reflexiones, anécdotas y poemas pero yo sabía que podía ir más allá de una página o en otros casos dos, pero ¿Por qué no me arriesgaba? ¿Por qué no lo intentaba? Allí radica el primer paso del fracaso:

"NO INTENTARLO" no se hace nada al respecto por hacer realidad ese sueño o deseo; el *"escepticismo"* que no es más que un tipo de miedo causado por la duda y temor a demostrar que estamos en condiciones de abordar nuestra misión; perdemos la Fe, el impulso y las ganas de comenzar a obrar; aunque pareciera que el escepticismo nos protege del fracaso, nos conduce directamente en el, puesto que nos hace perder valor y reprime el potencial que tenemos intrínsecamente.

Cuando cumplo dieciséis años decido **intentarlo**; empezar a expresar mis sentimientos y emociones a través de papel y lápiz; así comienzo mis redacciones pero pasó algo: en la mayoría de los casos lo que quería expresar no lo lograba transcribir en una hoja, no encontraba las frases, las ideas para hacerlo; entro en un estancamiento de ideas y de emociones, mi pasión se ve paralizada, lo que representa el segundo paso al fracaso.

"PARALISIS" es el quebrantamiento y enfriamiento de la realización parcial de nuestro deseo o sueño, que se ve demostrado por la poca significancia de los resultados que obtenemos en comparación con los que deseamos obtener según nuestro criterio; en ésta etapa nuestro ánimo, fuerza y dedicación se van empañando hasta que crea en nosotros el retorno del miedo y el temor al fracaso.

Al ver que mi sueño de escribir y traer reflexiones al mundo para su mejor desenvolvimiento a través de la escritura se viene abajo y no obtengo lo que deseo, decido en mi desesperación y decepción dejar de escribir; por lo que abandono mi sueño; siento que ya no vale la pena seguir intentándolo, y aquí se cumple el tercer paso.

"ABANDONO" en este paso el miedo se transforma en odio, rabia, desesperación, frustración, impaciencia y sobretodo decepción que finalmente conduce al abandono de una meta o un sueño, pues la mezcla de todas esas emociones detona una explosión que conducen a desistir por completo de lo que deseamos.

Al pasar el tiempo dejo por completo cualquier tipo de escritura bien sea analítica, divertida y sentimental; deje que el miedo se transformara en decepción y desesperación; cada día luchaba con la pasión que había en mí por hacer mi sueño realidad, a pesar de que seguía viva esa pasión no le permitía que saliera a flote en mi vida, la refrenaba por temor al fracaso. En ese transcurso que llamo *"transición"* aprendí muchas cosas de la vida, experiencias personales, anécdotas y reflexiones sobre el mundo actual, en fin mi espíritu, alma, corazón y conocimientos se alimentaron, por eso puedo decir a los veintiocho años cuando escribo lo que me nace y con lo que me siento feliz y seguro lo siguiente: **"La realidad es que cuando no logramos obtener los resultados esperados, no es porque no seamos válidos o capaces, no es porque eso no esté hecho para nosotros. No obtenemos los resultados esperados porque necesitamos:** *Un nuevo conocimiento"*.

- "El fracaso no significa que estemos derrotados, significa que hemos perdido sólo una batalla".

- "No significa que no hemos logrado nada, significa que hemos aprendido algo".

- "No significa que hemos logrado el desmérito, significa que estuvimos dispuesto a ensayar".

- "No significa falta de capacidad, significa que debemos hacer las cosas de una manera diferente".

- "No significa que somos inferiores, significa que no somos perfectos".

- "No significa que hemos perdido nuestra vida, significa que tenemos buenas razones para empezar de nuevo".

- "No significa que debemos echarnos para atrás, significa que debemos luchar con mayor fuerza".

- "No significa que jamás lograremos nuestras metas, significa que tardaremos un poco más en alcanzarlas".

- "No significa que Dios nos ha abandonado, significa que Dios tiene una mejor idea".

Luego corresponde a la mayor riqueza humana, que responde a la siguiente pregunta: **¿Qué son los Valores, Principios y Virtudes?** Según el **Instituto Latinoamericano de Lidezgo (ILL),** citamos:

PRINCIPIOS

Los principios se consideran, normalmente, inmutables a través del tiempo. Cambiar los principios, para muchos, es como cambiar de moral, como ser incoherente en la vida. Cuando se está hablando de estos principios, se entiende como tales, entre otras cosas, la dignidad de la persona, el respeto a la palabra dada, la integridad, la honestidad, la lealtad, el respeto la vida, procurar hacer el bien, amar la patria, la honra etc. En esa enumeración hay cosas que en realidad corresponden a lo que llamamos valores (honestidad, lealtad, respeto...) y otras que más propiamente las colocaríamos al nivel de los principios o normas básicas naturales (procurar hacer el bien, respetar la vida, creer en Dios...), porque tienen un carácter más fundamental. Quien llama principios a aquellos valores es porque les está asignando ese carácter, les está dando una validez especial, por encima de circunstancias variables.

Diferentes clases

"Principio" viene del latín *principium* y del griego *arjé*. Significa "aquello de lo cual algo proviene, o la causa es principio del efecto".

Los principios no son resultado de una moda pasajera, constituyen una preocupación antigua en la historia de la humanidad. Los primeros filósofos griegos se preguntaron por el principio de las cosas (*arjé*), su origen y también por su esencia o por su razón de ser primordial. Y daban respuestas relacionadas con la naturaleza física: el fuego, el aire, el agua, etc.

Poco a poco la ciencia fue descubriendo los principios que la rigen, entonces se habla del principio de la gravedad, de la relatividad, de la conservación de la energía, etc.

Pero también se habla de principios lógicos, metafísicos, éticos, jurídicos, sociales. A todos ellos se les considera como leyes naturales, universales, reglas fundamentales, absolutas, válidas siempre e incondicionales.

Principios administrativos

No sólo hay principios en ciencias como la física. Los encontramos en el campo jurídico, médico o administrativo, por ejemplo la buena fe, la salud, la calidad, la excelencia o el servicio.

No se puede colocar en un mismo orden de análisis la excelencia que la dignidad humana. Lo primero es un principio administrativo y lo segundo es un derecho humano fundamental que corresponde a una ley natural que no puede ser cambiada por nadie. Lo mismo podría decirse de valores que a veces se colocan como principios: honestidad, lealtad, integridad, etc. En realidad se trata de valores (en sentido de algo bueno y deseable como ideal realizable) que también pueden darse como virtudes personales.

En la ética como ciencia práctica de la conducta humana también hay principios o leyes naturales, reconocidas como tales a lo largo de los siglos: **"Hacer el bien y evitar el mal"**, **"No hacer a otro lo que no se quiere para sí"**, etc. Son normas prácticas universales propias del obrar moral del hombre independientemente de su cultura, raza, ideología o religión. En esta línea pueden inscribirse lo que hoy se denominan derechos humanos primarios: la dignidad de la persona, el derecho a la vida, al buen nombre, a la libertad y al trabajo.

Principios, normas, paradigmas

En muchas ocasiones se habla de los principios como paradigmas o como normas. La palabra paradigma está de moda y no es extraño que su uso lleve a ampliar el significado inicial. Primeramente paradigma se entendía como verdad científica clave o fundamental, de la cual se derivaban otras verdades. Pero hoy en día se emplea más como modelo o ejemplo, arquetipo, esquema o punto básico de referencia, parámetro o manera de ver o entender algo.

Cambiar de paradigmas es cambiar de modos de pensar en un determinado asunto. Por ejemplo, los paradigmas empresariales de hoy son muy diferentes a los de los años treinta.

Los principios obran, en cierta manera como paradigmas básicos en una ciencia o en el comportamiento, o como normas básicas que hay que acatar. Pero no podemos reducir los principios a paradigmas ni a normas, porque el principio inspira conductas que van más allá del paradigma o de la norma. Decimos, por ejemplo, que una persona de carácter se guía por principios, pero esos principios hay que integrarlos en la conducta personal, y ya nos movemos en un terreno próximo a los valores y a las virtudes. Una persona de carácter, sin duda, es una persona que tiene y vive valores y posee virtudes comprobables. Las normas están más cerca de la adquisición de habilidades, de la instrucción o del entrenamiento que de la educación o formación, que suponen una visión más personalizada e integrada del hombre.

VALORES

Valor viene del latín "*valere*" que significa estar en forma, ser fuerte, ser capaz de algo, valerse por sí mismo. Virtud viene de "*vis*" que quiere decir fuerza, y las virtudes en realidad son fuerzas, que llevan la persona a la excelencia, a la perfección moral, a ser capaz establemente (hábito) de hacer algo bueno, mediante el obrar personal. El valor puede ser mirado como un ideal deseable (civismo, generosidad...), sin referirlo a nadie en concreto, pero el valor que interesa realmente es el que se incorpora a la vida, no el que se queda en la aspiración, en el deseo, en el ideal general.

"El valor es un bien descubierto y elegido en forma libre y consciente, que busca ser realizado por la persona" (Derisi). Ella expresa muy bien su

condición de bien deseable, su dimensión subjetiva y su carácter práctico.

Valores hay para todos los gustos y de todos los tipos: sensibles, económicos, estéticos, humanos, espirituales, sociales, religiosos, etc. Unos son más subjetivos (estéticos por ejemplo) y otros más objetivos (económicos) pero en realidad el valor no prescinde de su carácter subjetivo porque es algo propio del ser humano (los animales no tienen valores) y no puede dejar de tener un nexo con los principios externos al hombre, que dan consistencia a los valores.

Realizables y reales

Otra manera de mirar los valores es como algo irreal, ilusorio o reducido a un "deber ser", a algo normativo-objetivo, desencarnado y frío. No es ésta una óptica adecuada para entenderlos. Es verdad que los valores se ofrecen como ideales pero es todavía más preciso que sean reales, reconocidos, participados a otros, relativos a las personas entre sí, realizables, practicables, identificables, que llevan a obrar, que no se quedan en una abstracción mental. El valor siempre cualifica o determina concretamente pero no se reduce a ser un sustantivo (lealtad) o un adjetivo (generoso) o un símbolo (el fuego). El valor tiene que ver directamente con la conducta humana. Ayuda a estructurarla y a transformarla en la medida en que es algo vivido, reflejado en las acciones personales. Se puede decir que cuando muchas personas viven los mismos valores, esos valores compartidos se viven corporativa o socialmente. Pero su raíz más íntima sigue siendo la práctica individual de los mismos.

Valores y antivalores

Los valores presentan siempre dos lados o caras de la moneda: la cara afirmativa, positiva -la propia de los valores, a secas-, o la cara negativa, que podemos llamar antivalor o contravalor, que es su antípoda: generosidad *versus* egoísmo, amor *versus* odio y lealtad *versus* traición.

Todos tenemos valores y todos buscamos realizar nuevos valores y fortalecer los que ya tenemos. Como también es cierto que tenemos antivalores que nos arrastran hacia abajo y hay que combatirlos con el ejercicio de los valores y con la formación de hábitos estables de buen obrar (virtudes personales). Por eso los valores, como la vida misma y como el desarrollo personal, son algo dinámico y cambiante No siempre poseo los mismos valores. Hay valores que antes no eran reconocidos como tales, por ejemplo el respeto al medio ambiente, pero su principio básico (la naturaleza como ámbito esencial del hombre) ya existía. Los valores son realidades dinámicas, no estáticas o inamovibles. Por ejemplo el cambio, la flexibilidad y la negociación son valores dinámicos que se oponen al inmovilismo, a la resistencia o al enfrentamiento o ruptura. Tienen más vigencia y fuerza los valores personalizados, como el trabajo, la creatividad o el compromiso, que simplemente singularizados, como ocurre con el rango de una persona en una empresa, con el éxito o el logro individual. Son algo más consistente que las habilidades que se adquieren a nivel del entrenamiento, porque se apoyan mucho más en el conocimiento y en la actitud.

VIRTUDES

La virtud es la encarnación operativa del valor. No se trata ya de ideales deseables o de bienes atractivos que yo puedo hacer realidad a través de acciones aisladas entre sí o esporádicas en mi conducta. La virtud le da estabilidad al valor y hace que su vivencia se prolongue en el tiempo. Hoy en día se toman, a veces como sinónimos o se piensa que hablar de valores es un discurso más universal que hablar de virtudes. Lo cierto es que la vida ética del hombre no se reduce a la afirmación de los valores sino que necesita de la virtud. No todo valor, pues, es una virtud. Por ejemplo el amor o la calidad son valores pero no virtudes personales. Las virtudes se conciben como hábitos o disposiciones estables, que convienen a las posibilidades que hay en la persona de obrar–que permanece en ella, es acción inmanente, a diferencia del hacer que no se interioriza–. Cuando hablamos de una persona generosa nos referimos al modo habitual de vivir el valor de la generosidad, a su disposición de dar y darse a los demás. La virtud permite obrar con mayor facilidad, buscar más eficientemente la excelencia en la vida personal y la operatividad de los valores a nivel corporativo o social. La virtud ayuda a vencer resistencias instintivas, emocionales o ambientales, a romper la indiferencia frente a los valores. No basta con respetar los principios o las normas ante las cuales nos sentimos obligados y que en cierta manera se nos imponen desde fuera. El conocimiento en sí es un valor, pero puede ser usado para hacer bien o para hacer mal. La virtud sólo puede dirigirse al bien. Y tiene como el valor, una cara subjetiva como proceso psicológico individual, y una objetiva en cuanto se presentan las virtudes como la inspiración o incluso como normas básicas para la conducta, no impuestas desde fuera sino desencadenadas desde dentro.

Diversas formas de alcanzar el bien

El campo de los valores es más amplio que el de las virtudes. No todos los valores se convierten en virtudes personales. Como ya se dijo, en el lenguaje común se toman como sinónimos y muchos valores llevan el mismo nombre de las virtudes (sinceridad, prudencia, fidelidad, etc.) Después puede hablarse de virtudes humanas en general, que mantienen una relación con las virtudes antes citadas: excelencia, alegría, responsabilidad, amistad, generosidad, flexibilidad, solidaridad, orden, comprensión, fe, credibilidad, laboriosidad constancia, creatividad, diligencia, esperanza, optimismo, honestidad, humildad, integridad, naturalidad, civismo, sencillez, respeto, serenidad, tolerancia, simpatía, sociabilidad, valentía, autenticidad, confianza, etc.

El resumen de todas las virtudes es el amor, como síntesis del esfuerzo de la persona por alcanzar el bien de diferente modo. El orden del amor es fundamental en la creación de los hábitos. Sin amor no hay crecimiento en la virtud. La virtud como encarnación operativa habitual de los valores goza del mismo dinamismo que se atribuye a los valores, personalizándolos aún más plena. El trabajo es la actividad humana fuente por excelencia de virtudes. Ahí se ponen a prueba esas fuerzas interiores adquiridas con la práctica constante, que no se cultivan para tener algo que mostrar a los demás sino como el camino concreto para que exista una conducta recta, conforme con la razón humana y con las aspiraciones de felicidad y bien que hay en todos. Su sentido pleno se alcanza en la comunicación a los demás de lo mejor de sí mismo.

¿Qué es la vida? - La vida es un regalo si tenemos en cuenta el misterio del tiempo. Es decir, las agujas del reloj avanzan de forma constante, por tanto, conviene practicar el carpe diem para recordar que el aquí y el ahora es un tesoro fundamental que suma felicidad al corazón. La relación que el ser humano tiene con la vida también se muestra en la relación que tiene con el tiempo. Existen personas que viven excesivamente centradas en el pasado, en ese caso, surge la melancolía. Otras personas viven excesivamente centradas en el futuro, en ese caso, surge la ansiedad. Por el contrario, las personas más felices, las que de verdad se sienten bien consigo mismas, son aquellas que tienen una buena relación con el presente, es decir, disfrutan de verdad del aquí y del ahora. Conscientes de que cada momento es único e irrepetible.

La vida está llena de momentos felices pero también de situaciones tristes. Por ejemplo, el desamor, la muerte de un ser querido, las decepciones personales, los fracasos… Sin embargo, la mente tiene una gran higiene mental y el ser humano tiende a quedarse con todo lo bueno, dejando en un segundo plano todo lo malo. La vida es todo un reto, un aprendizaje constante porque las enseñanzas más importantes que adquiere un ser humano a lo largo de su vida son prácticas. Por ejemplo, el amor verdadero, el compromiso con el deber cumplido, el trabajo diario, el valor del perdón, la lealtad hacia el amigo, la sinceridad con uno mismo y con el otro, el respeto a los mayores, la lucha por los derechos de los más desfavorecidos.

La vida es un regalo cargado de belleza, un bien que tiene fecha de caducidad y existen tres pilares básicos de la vida: la salud, el amor y el dinero.

Factores que influyen en la felicidad personal, la felicidad es el objetivo fundamental de cualquier persona a lo largo de su vida. Y recuerda siempre: "**El guión que está presente entre la fecha de nacimiento y la fecha de muerte se llama VIDA, solo tú decides si vivir plenamente o lleno de quejas y tristezas, recuerda que el tic tac del reloj llamado *vida* está en cuenta regresiva"**.

Luego de un largo viaje por conceptos básicos de la humanidad, llegamos a la pregunta universal: **¿Para qué vinimos a este mundo?** Esta es una duda que siempre nos ronda a todas las personas en alguna etapa de la vida, algunos desde muy temprano y a otros más tarde, es la pregunta de la existencia: ¿será para desarrollarnos y para ser felices?

Es repetido en la sociedad de que tenemos que desarrollarnos, una demanda lógica, porque el humano necesita crecer y desarrollar todas sus aptitudes, pero la pregunta es: **¿esa sabiduría innata y ese conocimiento adquirido a que nos conduce?, ¿cuál es el fin de nuestro desarrollo intrapersonal?, pero ¿será suficiente?**, y otros cuestionarán **¿dónde queda la parte sentimental?, ¿Realmente a qué viene el hombre al mundo?, ¿Qué es eso que llaman amor, realmente existe?**

Esa felicidad denota otra interrogante, **¿cuánto tiempo se debe invertir en madurar y en buscar la felicidad?**, ya que si observamos, únicamente disponemos de unas decenas de años para hacer realidad lo que llamamos "logros", por lo cual la lógica indicaría que se priorizar y analizar bien **¿qué es la felicidad para usted?** y **¿qué es ese desarrollo que tanto nos venden?**

Para responder tantas incógnitas, es justo y necesario ir al origen (es hora de ir recordando la historia de Mauricio y Fernando): Desde el nacimiento y desarrollo de un individuo siempre se le dice: **"todo se logra con trabajo y esfuerzo"**, eso se repite continuamente en todas las familias, pero muchas veces al niño desde pequeño cuando quiere realizar algún esfuerzo o trabajo (generalmente características de niños extrovertidos), que pecan de audaces para su edad, son reprendido por muchos padres, y en algunos casos los comparan con otros niños que son tranquilos, desde ese momento sufrimos un corte abrupto de nuestra libertad y de la maravillosa experiencia de ir palpando con todos nuestros sentidos las cosas nuevas que estamos experimentando, dicha de otra manera: nos empiezan a cortar las alas del ingenio y el descubrimiento, y cuya consecuencia catastrófica es que dejamos de soñar y de desarrollarnos por nosotros mismo; este proceso sigue en toda nuestra formación, dónde muchos de los jóvenes, son reprimidos y son obligados a priorizar las carreras de números y letras, materias prácticas, en detrimento de otras donde puedan utilizar el lado derecho del cerebro, ese lado del soñar, de imaginar, sin darnos cuenta muchas veces nos siguen limitando nuestro derecho a desear lo que queremos. Y la pregunta es: si uno hace algo que no desea, **¿cómo esperar que ese joven se desarrolle y se esfuerce al máximo?** La única verdad es: **"Cada persona desarrolla más sus habilidades cuando se siente en confort con lo que hace"**

Esa etapa de toma de decisiones cruciales aproximadamente llega a los dieciséis años de edad, es recién el momento que decidimos que vamos a realizar, y surgen las preguntas: **¿ahora qué hago?**, **¿ingreso a la universidad?**, ó **¿incursiono en la calle a probar suerte?**; esta última pregunta responde muchas veces a las precarias condiciones socioeconómicas familiares, a la final toda decisión tomada tiene un gran factor en las condiciones objetivas del ser humano en cuestión, ya que muchos se lanzan a la calle con los conocimientos que poseen y entran a un mundo donde deben competir con las pocas herramientas que se tienen y tratar de demostrar su valía en un mundo donde la piedad por el otro no existe.

Otros con una mejor "suerte", buscarán mediante apoyo de sus padres, ayudantías o becas la tan ansiada carrera universitaria, y así teniendo un soporte en sus condiciones socioeconómicas tendrán la mejor opción para desarrollarse y ahí surge las interrogantes: **¿qué carrera escojo para estudiar?**, **¿esa carrera me dará la oportunidad de progresar y desarrollarme en el rudo mercado laboral actual?** ó **¿esa carrera cuánto dinero me retribuirá en el**

futuro?, a la final muchas veces escogerán estudiar alguna profesión no por la vocación y las buenas aptitudes hacia ella, sino por las circunstancias en la disponibilidad de cupos en las universidades y la rentabilidad económica que obtendremos en el futuro por dicha profesión (muchas veces nos hacen creer eso, y caemos frágilmente por inocentes).

Una vez definido el desarrollo profesional de cada individuo, está presente la fase de relacionarse con otros en pro de continuar con el ciclo exigido por la sociedad: formar sus familias, en función de eso recordemos: desde el principio del mundo, el primer hombre y la primera mujer sobre la faz de la tierra fueron creados a la semejanza de su Creador: Dios, él siendo sabiduría los dotó de emociones, sentimientos, capacidades físicas y mentales; que diferencia al hombre en su género de las demás especies.

El principal sentimiento de la raza humana que permite el crecimiento del mundo es el amor, y a pesar de su desvanecencia aún existen grandes esperanzas de vida. Pero, **¿Qué es el amor?** – Es un sentimiento compartido, vivido, que conlleva a la eliminación progresiva del egoísta "**Yo**"; es una vivencia entre personas que comparten muchas actitudes, emociones y deseos personales. El amor es único, pero reflejado de diferentes ángulos; el que marca la pauta, causante de disyuntivas y dudas es el amor de pareja, el amor que une a un hombre y a una mujer.

En el mundo actual se ha perdido el verdadero sentido del amor y por eso se puede ver una creciente demanda en los divorcios en el caso del matrimonio y una elevada ruptura de relaciones que iban encaminadas hacia su consolidación.

Pero: ¿por qué el fracaso de tantas relaciones? Acaso: ¿será el último grito de la moda? ¿Es parte de la nueva generación del siglo XXI? ¿El amor para toda la vida es anticuado?

Lamentablemente lo dicho anteriormente en forma interrogativa son "simples excusas" que se buscan hoy en día para justificar ese gran fracaso, recordemos una frase muy común y cierta: "El fracaso tiene mil excusas, el éxito no tiene explicación", pero ¿cuáles son las verdaderas causas de ese "boom" de divorcios y rupturas de relaciones? Para dar respuesta a esa interrogante, las causas se han dividido en bloques:

Bloque I	Incompatibilidad
Bloque II	Agresividad
Bloque II	Infidelidad

Bloque I: Incompatibilidad: se refiere a las divergencias marcadas que con el tiempo se consolidan y traen consigo la falta de entendimiento y comprensión entre la relación que lleva un hombre y una mujer; la incompatibilidad puede ser reflejada en los siguientes aspectos:

	Creencias
Incompatibilidad	**Sentimientos**
	Caracteres
	Atracción Física

La incomprensión generada por la incompatibilidad es lo contrario a la comprensión que es la buena disposición de una persona para entender a los demás; comprender es conocer las razones y sentimientos de los otros y aunque no coincidan en muchos aspectos a los nuestros, "Respetarlos".

De igual manera al perdurar esa incomprensión se genera la "intolerancia" que es cuando la incomprensión se mantiene y se agranda. El intolerante es intransigente con su pareja, esto mantiene y aumenta la separación. Es una actitud claramente antisocial y antidemocrática que va contra el uso de las libertades que reconoce la ley tanto terrenal como divina.

Bloque II: Agresividad: es la violación rotunda o parcial del respeto y derechos de cada persona causada por "desviaciones sociales" presentadas por alguno de la pareja generadas principalmente por el egoísmo y la incultura, éstas se pueden clasificar en:

Desviaciones sociales	Violencia	Imposición
		Rebelión
	Delincuencia	Conducta destructiva
		Delincuencia
		Delitos legales

En este bloque se hace irreversible la falta de convivencia entre la pareja porque se involucran factores tanto morales como legales que quebrantan las leyes; como causa de la agresividad se tiene la violencia tanto física como moral, la violencia física se genera cuando se abusa de alguna persona con agresiones que conducen al maltrato, sentimientos de rabia, dolor y decepción, con grandes traumas morales y psicológicos; en muchos de éstos casos la persona agredida es sometida a chantajes y amenazas por el agresor debido a que estos actos son penados por la ley.

Otro tipo de violencia es la verbal que es el abuso hacia una persona causada por ofensas, injurias y humillaciones generando en la víctima pánico y terror; recordemos lo siguiente: "El amor es lo opuesto a la violencia y agresividad". Entonces: cuando una persona es sometida a esas desviaciones sociales ¿es por amor? – Totalmente negativo, a esto digo:

"A la mujer ni con el pétalo de una rosa... Todo lo que sale de la boca viene del corazón"

Igualmente en éste bloque se manifiesta el egoísmo, que viene de la palabra latina "ego" que quiere decir "yo", el egoísta es el que sólo piensa en sí mismo. Rompe el equilibrio que debe haber entre la persona y su pareja con la cual ha de convivir; rompe el equilibrio entre el "yo" y el "nosotros".

La "incultura" también forma parte de la agresividad y violencia, es la falta de conocimientos y de saberes, pero la incultura que impide la convivencia es la falta de educación ciudadana que se manifiesta en el respeto y el cumplimiento de las normas sociales.

Bloque III: Infidelidad: es la insatisfacción de un sentimiento, deseo o emoción referida a la persona legalmente consolidada a nuestro lado; la infidelidad es hacer realidad esa insatisfacción por medios terceros que violan el respeto, el cariño, el amor y sobre todo el compromiso que se tiene. Los factores que se manifiestan en la infidelidad son:

	Física
Infidelidad	**Pensamientos**
	Mentiras

La infidelidad física es cuando se comparte nuestro cuerpo, sentimientos y deseos con un tercero cuando todo eso le pertenece absolutamente a nuestra pareja, puesto que se eligió para "toda la vida", causando en la relación celos y mentiras de toda índole que son como bolas de nieve: cada día crecen y crecen sin límites, trayendo consigo en la pareja desconfianza, miedo y el inminente fracaso.

Como todos saben el humano tiene una particularidad: *"perdonar se hace difícil"*, que quiero decir con esto: - al entrar la desconfianza en nuestras vidas referente a esa persona, hacerla nula casi nuca se logra porque el temor aborda nuestras vidas: **¿Quién garantiza su fidelidad cuando la quebrantó una vez?**

Cuando existe la infidelidad: el amor no forma parte de esa desviación social; cuando se es infiel ya no se ama a la pareja, puesto que es la violación rotunda del compromiso adquirido.

CAPÍTULO 2: ¡NO TE COMPRAN SI NO TE VENDES!

Luego de un viaje por la verdadera esencia del ser humano y sus diferentes fases en el "ciclo de la vida", pasaremos a un punto de quiebre de los valores, principios y virtudes, y que actualmente es una de las razones de la destrucción progresiva de la humanidad: *LA CORRUPCIÓN*, llamada por muchos como la mayor peste del siglo XXI, pero realmente: **¿cuál es su significado?, ¿Por qué quiebra la esencia perfecta que Dios en su amor nos regaló?, ¿Qué conlleva a un individuo a cometer actos de corrupción?**; son centenares de preguntas que muchas personas que aún creemos en la honestidad nos hacemos a diario y para ir resolviendo parte de las inquietudes propuestas, comenzaremos con las siguientes frases célebres:

- "El ignorante está próximo a revolverse en el lodo de la corrupción" (Simón Bolívar).

- "La corrupción de los principios es más vergonzoso que la del cuerpo" (José María Vargas Vila).

- "El deber de una sociedad maltratada y arruinada es pelear contra la corrupción imperante" (Mari Carmen Franconeti).

- "La prostitución del espíritu, con la compra de las religiones, se suma a las prostituciones de la política, de la cultura, del arte. El dinero oscuro lo pudre todo en estas esferas. En las grandes iglesias y en las sectas" (Agustí Chalaux).

- "Dejas de luchar cívicamente por culpa de la corrupción que es mucha, es como cortarte las venas por estar lloviendo afuera" (Nicolae Lorga).

- "El primer signo de corrupción en la sociedad que aún está viva es eso de: *EL FIN JUSTIFICA LOS MEDIOS*" (Georges Bernanos).

- "La corrupción de la política siempre existió, eso lo sabemos, lo de ahora es un cáncer: sólo es cuestión de cantidades" (Carlos Dossi).

- "La depravada corrupción es un mal inherente a todo gobierno que no esté controlado por la opinión pública, tenemos el sagrado deber de luchar por conseguirlo" (Ludwing Von Mises).

- "La corrupción lleva infinitos disfraces" (Frank Herbert).

- "La corrupción no es obligatoria" (Robinson Jeffers).

- "Un hombre de estado es el que se pasa la mitad de su vida haciendo leyes, y la otra mitad ayudando a sus amigos a no cumplirlas" (Noel Clarasó).

- "La corrupción es la causa directa de la pobreza y desesperación de los pueblos y es el motivo principal de sus desgracias, sino se sabe reaccionar bien y a tiempo" (Jorge González Moore).

- "El poder de infección de la corrupción es infinitamente más letal que el ébola" (Augusto Roa Bastos).

- "La corrupción está en todos lados, en todos los países, eso lo sabemos. La diferencia es que si uno mira el largo plazo descubre que la corrupción impide que un chico coma, o que un hospital tenga insumos" (Facundo Manes)

- "No te compran si no te vendes" (Rubén Blades).

- "Cuanto más corrupta una sociedad, más numerosas las leyes" (Edward Paul Abbey).

- "La mente del hombre superior valora la honradez; la mente del hombre inferior valora el beneficio" (Confucio).

- "Dicen que el poder corrompe, pero hay que ver siempre quién es el que llega al poder, a tener poder. Quizá no es que lo corrompió el poder, sino que siempre estuvo corrompido" (Luca Prodan).

Ahora que te has tomado tu tiempo para interpretar cada frase y ver la singularidad con cosas ilícitas que posiblemente ocurren a tu alrededor, te sugiero que escojas la más célebre y con la cual pienses que di en el clavo.

Para dar mejor fluidez a las ideas y comprender mejor el fenómeno de *la corrupción*, comencemos revisando que nos dice la **Biblia** al respecto:

Tan de actualidad pero a su vez tan antigua, pese a la enorme dimensión de los casos que copan las portadas **la corrupción es casi tan antigua como la vida misma**. Desde hace miles de años ha habido casos de este tipo y también entonces los autores fueron reprendidos, aunque no siempre con facilidad.

La Biblia recoge ejemplos de ello y sobre todo condena estas prácticas, extendidas a lo largo de la historia y por todo el orbe. Tanto el Antiguo Testamento como el Nuevo muestran cómo el "justo" debía luchar contra el soborno, el fraude y el robo de aquello que recaudaban a los que trabajando debían pagar sus impuestos. Como si tiempo no hubiera pasado.

La corrupción para el cristianismo entraña un pecado grave pues es una **agresión al prójimo y también al bien común**. Aunque de carácter más general dos de los diez mandamientos engloba este tipo de actuaciones. Concretamente el que dice: "no codiciarás los bienes ajenos" y el que sin medias tintas afirma que "no robarás". Además de ellos, la Biblia está repleta de alusiones muy explícitas a una corrupción que se asemeja mucho a la que está destruyendo a muchos países y en las que se marca el camino que el "justo" debe seguir.

ANTIGUO TESTAMENTO

- El importante profeta Isaías ya aseguraba en el siglo VIII antes de Cristo que "el que rehúsa ganancias fraudulentas, **el que se sacude la palma de la mano para no aceptar soborno**, el que se tapa las orejas para no oír hablar de sangre, y cierra sus ojos para no ver el mal. Ese morará en las alturas, subirá a refugiarse en la fortaleza de las peñas, se le dará su pan y tendrá el agua segura". (Isaías 33: 15-16).

- El libro del Levítico, uno de los que forma el Pentateuco y escrito unos 1.500 años a.C cita también: "no hurtaréis; no mentiréis ni os defraudaréis unos a otros" (Levítico 19:11). En él igualmente aparece que "no haréis sentencias injustas, ni cometeréis injusticias en pesos y medidas. **Tened balanza, pesas y medidas exactas**" (Levítico 19:35).

- El Deuteronomio, otro de los grandes libros del Antiguo Testamento muestra referencias claras: "no torcerás el derecho, no harás acepción de personas, **no aceptarás soborno, porque el soborno** cierra los ojos de los sabios y corrompe las palabras de los justos". (Deuteronomio 16:19). En otro punto escribe que "maldito quien acepte soborno para quitar la vida a un inocente" (Deuteronomio 27:25).

- También el libro de los Salmos contiene distintas referencias a esto. "**No morará en mi casa quien cometa fraude**" (Salmo 101:7). "No juntes mi alma con los pecadores, ni mi vida con los hombres sanguinarios, que tienen en sus manos la infamia, y su diestra repleta de soborno" (Salmo 26:10).

- En el libro de Samuel, por ejemplo, se citan también los presentes como agasajo para conseguir favores: "sus hijos no siguieron su camino: **fueron atraídos por el lucro, aceptaron regalos y torcieron el derecho**" (1 Samuel 8:3).

El profeta Daniel tiene un mensaje para un colectivo cuestionado. "Envejecido en la iniquidad, ahora han llegado al colmo los delitos de tu vida pasada, dictador de sentencias injustas, que condenabas a los inocentes y absolvías a los culpables" (Daniel 13:53).

NUEVO TESTAMENTO

Las referencias a sobornos, extorsiones y fraude en general también tienen gran cabida en los Evangelios así como entre los apóstoles en sus cartas posteriores, especialmente en San Pablo. Quizás el ejemplo más claro es Zaqueo, un recaudador de impuestos que se había enriquecido defraudando aún más a su pueblo y que ve pasar a Jesús a su paso por Jericó. Su conversión fue inmediata y en el Evangelio de Lucas se cuenta que conmovido fue consciente de lo que había hecho hasta entonces afirma: "**daré,**

Señor, la mitad de mis bienes a los pobres; y si en algo defraudé a alguien, le devolveré el cuádruple".

También en Lucas aparece un pasaje de Juan Bautista, al que acudieron muchos a bautizarse entre los que había personas que no actuaban cumpliendo las normas. El pasaje dice así: "Preguntaron también unos soldados: 'Y nosotros ¿qué debemos hacer?' El les dijo: '**No hagáis extorsión a nadie, no hagáis denuncias falsas, y contentaos con vuestra soldada**". Igualmente, en Mateo se cuenta que los sumos sacerdotes "sobornaron" a los guardias que custodiaban el sepulcro cuando Jesús resucitó para que no dijeran la verdad.

San Pablo en su carta a los Romanos habla de la importancia de no evadir impuestos ante una costumbre extendida entonces. El apóstol de los gentiles insta a esta comunidad: "por eso precisamente pagáis los impuestos, porque son funcionarios de Dios, ocupados asiduamente en ese oficio **Dad a cada cual lo que se debe: a quien impuestos, impuestos**; a quien tributo, tributo; a quien respeto, respeto; a quien honor, honor. Con nadie tengáis otra deuda que la del mutuo amor. Pues el que ama al prójimo, ha cumplido la ley".

Comprendido la posición de la corrupción como un *pecado* para los creyentes de la fe en Dios en todas sus doctrinas, es hora de saber cómo define la sociedad tal desviación, para ello se realizan las siguientes citas:

1.- La Convención Interamericana Contra la Corrupción establece como Actos de Corrupción en su Artículo VI: "El requerimiento, aceptación, ofrecimiento u otorgamiento, directa o indirectamente, a un funcionario público o a una

persona que ejerza funciones públicas, de cualquier objeto de valor pecuniario u otros beneficios como dádivas, favores, promesas o ventajas para sí mismo o para otra persona o entidad a cambio de la realización u omisión de cualquier acto en el ejercicio de sus funciones públicas. El aprovechamiento doloso u ocultación de bienes provenientes de cualquiera de los actos de corrupción. La participación como autor, co-autor, instigador, cómplice, encubridor o en cualquier otra forma en la comisión, tentativa de comisión, asociación o confabulación para la comisión de cualquier acto de corrupción."

2.- Sayed y Bruce (1998): "el mal uso o el abuso del poder público para beneficio personal y privado", entendiendo que este fenómeno no se limita a los funcionarios públicos.

Por lo general se apunta a los gobernantes o los funcionarios elegidos o nombrados, que se dedican a aprovechar los recursos del Estado para enriquecerse. La corrupción ha tenido raíces antiguas y ha evolucionado para mantenerse vigente a lo largo de muchos años, gobiernos y países.

Pero ¿cuáles son las verdaderas causas de dicho problema?, enumeremos: **endógenas** (las que tienen que ver con el individuo): Falta de valores humanistas, carencia de una conciencia social, falta de educación, desconocimiento legal, baja auto estima, paradigmas distorsionados y negativos (consumistas, materialistas). **Exógenas** (los que dependen de la sociedad): La impunidad de los actos de corrupción, los modelos sociales que transmiten anti- valores, un excesivo poder discrecional del funcionario público, La concentración de poderes y de decisión en ciertas actividades del gobierno, el soborno internacional, el control económico o legal sobre los medios de comunicación que impiden se exponga a la luz pública los casos de corrupción, salarios demasiado bajos, falta de transparencia en la información concerniente a la utilización de los fondos públicos y de los procesos de decisión, la poca eficiencia de la administración pública y una extrema complejidad del sistema.

CORRUPCIÓN EN LA VIDA COTIDIANA

"La corrupción en un acto ilegal que ocurre cundo una persona abusa de su poder para obtener algún beneficio por sí mismo, para sus familiares o para sus amigos, requiere de la participación de dos actores: uno de que su posición del poder puede ofrecer algo valioso y otro que esté dispuesto a pagar una "mordida" o soborno para obtenerlo".

Estos actos indebidos los observamos directamente desde que abordamos cualquier transporte, en el mercado, al realizar trámites oficiales, etc.; puede suceder en los lugares menos pensados y con las personas menos esperadas. En la escuela, por ejemplo, la corrupción puede producirse entre profesores y alumnos (venta de calificaciones), entre padres de familia (venta de derechos ingresos a una escuela), entre directores y profesores (venta de plazas) entre otras autoridades de las escuelas (compra de permisos), etc. Aunque ilícita, hay quienes piensan que la corrupción puede ser útil. Hay ciertas personas que argumentan que ayuda a esquivar las reglas excesivas, acelerar los trámites y a ahorrar tiempo.

Así, por ejemplo, dicen que sirve a los alumnos que tienen problemas con una materia para poder aprobarla, pues gracias a la corrupción pueden comprar al profesor. También dicen que sirve para establecer un criterio para determinar quienes ingresan a las escuelas con mayor demanda. Sin embargo, los partidos de este argumento no se dan cuenta de que en el largo plazo, la corrupción nos perjudica a todos. Por ejemplo, si en una escuela es común que los profesores acepten sobornos para aprobar a los alumnos, en el largo plazo la reputación de esa escuela se verá dañada. Esto terminará afectando a sus egresados quienes cargaran para el resto de su vida con el sello de vienen de una escuela que no los formo bien. La corrupción tiene consecuencias graves que afectan el desarrollo de los países. Algunos datos recientes muestran que el dinero que se gasta en la corrupción pudiera invertirse en los servicios públicos que proporcionan el gobierno, tales como el transporte público, electricidad, agua potable, etc. La corrupción entonces provoca que haya fallas en el suministro de agua, baja calidad de los servicios médicos, baja calidad de los servicios educativos, fallas en la infraestructura vial y aumento en la incidencia de cortes eléctricos, etc."

"Además, la corrupción puede terminar poniendo en riesgos de la vida e integridad física de los ciudadanos. Por ejemplo, la baja calidad de los servicios médicos puede costarle la vida a un ciudadano enfermo. La construcción de edificios que no cumplen con los mínimos requisitos, puede constarle la vida a un ciudadano durante un temblor. Las malas carreteras pueden ser muy peligrosas para los conductores de camiones y sus pasajeros etc.".

Otro ejemplo álgido en importancia es la corrupción desproporcionada en las empresas del Estado de cualquier País, pero aquí vamos a detenernos y realizar un análisis de el por qué, fijemos posición: **"La corrupción ha favorecido el crecimiento de la inestabilidad institucional y el persistente desgaste de las relaciones tanto entre individuos como entre instituciones y Estado, la pérdida de legitimidad política que experimentan muchos gobiernos, la polarización del poder, la ineficiencia burocrática, etc., son algunos de los problemas políticos que se atribuyen a los actos de corrupción"**

Según el Economista Alejandro Estévez la teoría política clásica nos permite aseverar que la corrupción no es un tópico nuevo. Desde la antigua Grecia, pasando por el renacimiento y la modernidad, el desvío de las formas de gobierno puras de su objetivo del bien común, era considerado como un claro indicio de corrupción. Ya en la modernidad, y con la distinción entre lo público y lo privado, el pensamiento político en torno a la corrupción se centró en aquellas acciones individuales que utilizaban en provecho propio los bienes públicos.

Esa perspectiva "individual" está relacionada con un modelo político imperante denominado Capitalismo, que ha llevado al hombre a pensar en la riqueza (capital) al precio que sea, incluyendo las patrañas más descaradas y violentando sus principios y valores. Hoy es común ver a grandes ricos buscando la forma de desfalcar al Estado. Y más común es ver cómo los grandes sectores privados se apoderan del mundo, a través de vicios y malos pasos.

En ese orden de ideas, basado en la percepción de Kaufmann y Hellman, se plantea: **"Desde hace varios años se ha instalado en el ambiente académico la tematización de un concepto conocido como captura del Estado. Este concepto intenta** señalar el hecho de que individuos o empresas pueden aprovechar su poder, influencias, amistades o asociaciones, para condicionar la acción de una agencia estatal mediante la instalación de personas afines en los cargos claves del organismo controlado. De esta forma la agencia pierde su autonomía y sus decisiones finales quedan condicionadas al interés del grupo dominante".

"La corrupción va corroyendo poco a poco la capacidad del Estado de recaudar impuestos; de implementar políticas de desarrollo coherentes y racionales; de redistribuir los recursos entre los diferentes grupos y regiones; de transformar para bien la sociedad siguiendo prioridades sociales y políticas". Además, este acto ilícito va rompiendo con el rostro de la dignidad en la sociedad, que poco a poco se auto flagela con sus propios males.

Por lo último, la corrupción rompe el tejido social pues disminuye la confianza de los ciudadanos en las instituciones, el gobierno y entre ellos mismos. También afecta al nivel ético de la sociedad en su conjunto en la medida en que la corrupción ser generaliza, los escrúpulos éticos se van perdiendo.

Citemos los siguientes ejemplos comunes de corrupción en las empresas del Estado: **adjudicación indebida de contratos para bienes y servicios, cobro por firmas de documentos, cobro por agilizar trámites, compra con sobre precio de equipos, maquinarias y materiales, evasión de pago de impuestos, tráfico de influencias, otorgamiento de beneficios a empresas que no cumplan con trámites exigidos por la ley, mal manejo del presupuesto de la empresa, desfalco, desviación ilícita de recursos, peculado doloso, etc.**

¡OYE VENDEDOR ES CONTIGO!

¡ALERTA!: A todos esos individuos que piensan en su plena ignorancia que hacer uso indebido de su poder y estatus dentro de una Institución pública o privada para beneficio propio o familiar, sin importar las graves consecuencias, les recuerdo con mucha contundencia: no importa cuánto hayas estudiado, no importa si hablas muchos idiomas, no importa tu grado de estupidez, no importa cuánta riqueza poseas, no importa cuanta influencia tengas sobre un grupo, no importa qué tan maravilloso sea tu descaro verbal, no importa si hoy estás en la cúspide, no importa si eres protegido por alguien de mayor poder que tú, no importa si le das a los pobres, no importa si intentas parecer agradable, no importa cuánto ocultes tus delitos, no importa a cuántas personas le hayas subastado tu alma, no importa si eres jocoso, no importa si te crees superior a los demás, no importa si piensas que siempre haces el bien, no importa si intentas manipular a la sociedad, no importa quién sea tu socio, no importa quién guarde tu fortuna, no importa tu apellido, no importa tus grandes viajes de placer, no importa si gozas de buena salud, no importa si ganas muchos reconocimientos, no importa si crees darle lo mejor a tus hijos, no importa si eres egocéntrico, no importa si te crees un súper héroe, no importa si no te agradan los demás, no importa que tan fuerte grites, no importa si dispones de un arsenal de guerra, no importa si no te gustan estas líneas, no importa si no quieres reflexionar, no importa que te creas perfecto, no importa si pisoteas a tus supervisados, no importa si te haces el inocente, no importa si te vas a otro continente, no importa si engañas a tu familia, no importa los lujos que puedas tener, no importa si humillas a las personas que piensan distinto que tú, no importa si te disfrazas de alguien honesto, no importa si no tienes fe en Dios, no importa tu religión, no importa tu proselitismo político, no importa si te escondes en un bunker, no importa si robas poco o mucho, no importa tus gloriosos años de experiencia laboral, no importa cuán egoísta seas, no importa si eres vanidoso, no importa si te vengas de tus enemigos, no importa si todos los domingos vas a la iglesia, no importa si te adueñas de los logros de otros, no importa si eres un pésimo jefe, no importa si crees amar a tu familia, no importa si eres ateo, no importa si odias a los pobres, no importa si maquillas tus estadísticas, no importa si eres un mentiroso, no importa quién compró tu alma, ahora bien, déjame indicarte realmente lo que sí te debería importar: cuando mueres ningún bien material te has de llevar, si descubren tus actos ilícitos tu libertad será cortada, todo lo que siembres eso cosecharás, has caído tan bajo que tu dignidad has profanado por papel moneda, te has olvidado de Dios, y lo más triste es que has defraudado a tus Padres quienes muchas veces dejaron de comer, de vestir, de salir, de cuidarse ellos para dártelo a ti, y has llegado a dónde estás porque así lo quisieron, pena te debería de dar con ellos, se te ha olvidado que uno de los mandamientos de Dios es Honrar a tus Padres, y déjame decirte: - con tus actos fraudulentos la deshonra ha llegado a tu hogar, que Dios tenga Misericordia de tu alma que ingenuamente has vendido al mejor postor; y para darle un giro espectacular al asunto, aquí te dejo esta reflexión, a ver si le pides perdón a Dios y a la humanidad entera, ¡Vaya!, ¿en qué clase de persona te has convertido?.

¡SI TODOS FUERAMOS COMO JENNIFER!

- *Jennifer se dirige hacia un caballero con un buen parecer, vestido con prendas relucientes y posiblemente de alguna casa de alta costura: Estimado Caballero - ¿puedo conversar con usted?*

- *En eso él con cara de sorpresa le dice: - disculpe ¿me habla a mí?*

- *Sí señor es con usted expresa Jennifer, deseo dedicarle unas palabras: yo puedo comprender que usted forma parte de este hermoso universo, y que con el mismo amor que Dios me creó a mí lo hizo con vos, pero quiero decirle varias cosas: - ¿Usted ama a su mamá?*

- *El hombre le responde con una respuesta inminente: - por supuesto que sí, la amo mucho, sin ella yo no estuviera aquí.*

- *Jennifer con paciencia escuchando fielmente a aquel hombre procede con otra pregunta: - ¿Qué haría su madre por usted?*

- *El caballero con gestos de sorpresa le responde: - ¡ya mi madre ha hecho todo por mí, ella ha luchado para que yo asista a una grandiosa universidad y con la cual me he titulado ingeniero, sin ella no lo hubiera logrado y me atrevo a decir que hasta el sol de hoy, su vida daría por mí!*

- *Jennifer insiste en continuar su cuestionario, la próxima es: - ¿está casado, tienes hijos, nietos?*

- *Él ya iracundo, responde: - señorita no seguiré respondiendo mis cuestiones personales, ¿que se ha creído usted?, por favor desaloje mi mesa.*

- *Jennifer con muchísima paciencia y sabiduría le expresa: disculpe usted, no fue mi intención hacerlo sentir incómodo, he querido conocer a una figura con cierta vida pública como usted, muchos hacen acusaciones y otros celebran sus logros pero yo he querido conocerle en persona, porque no acostumbro a juzgar a las personas por comentarios ni apariencias.*

- *Anonadado por la manera en que Jennifer expresó sus ideas y con cierto ego por las cosas que según él lo hacían sentir importante, le dice: - ¡está bien!, ahora sí nos estamos entendiendo; en eso se voltea repentinamente y solicita la presencia de alguna persona que le ofrezca algo de tomar a aquella señorita que tanto misterio le genera, y dice con amabilidad: - sí tengo un hermosa esposa y dos maravillosos hijos que están en plena juventud.*

- *Jennifer le felicita por su familia y le dice: - ¿Cómo ha educado a sus hijos, cuáles valores les ha inculcado?*

- *Él responde: - he trabajado arduamente en mi empresa durante veinte años para obtener los recursos necesarios para pagarle la mejor educación a mis hijos; y los valores que le hemos inculcado a ellos son los básicos para vivir en esta sociedad incluyendo la fe en Dios porque soy católico y voy a misa todos los domingos.*

- *Aquella mujer le dice: guao, veinte años en un mismo lugar, y ¿a qué se dedica en su labor?*

- *El hombre le responde con mucha picardía: - eso ya lo deberías de saber, minutos atrás me comentabas que muchos hablan mal de mí y otros me halagan, que por cierto cosa que no me sorprende sino me resbala, pero te lo voy a responder porque me caes bien: soy Director en una empresa estatal, los que muchos llaman C.E.O (por sus siglas en inglés), pero no hablemos de mi trabajo porque es aburrido.*

- *Jennifer interesada en las respuesta de aquel hombre, le dice: - no creo que sea aburrido ese tema, porque su trabajo debe ser crucial para el buen desempeño de su empresa, si me permite haré otra pregunta: - ¿Qué opina de los que subastan su alma?*

- *Aquel hombre estupefacto le responde: - señorita ¿qué pregunta es esa?, eso es una falta de respeto a mis principios cristianos, ya le dije que soy católico y que voy fielmente los domingos a la iglesia, soy un fiel creyente en Cristo, no me gusta que nombren al ser opuesto a Dios.*

- *Ella notando el desespero de aquel confundido hombre le dice: - tranquilo estimado señor, no se altere, no quiero generarle malestar, y que crea que estoy insultando su fe, vea le explico: lo que quise decir fue: - **¿Qué significa subastar tu alma? Más allá de lo espiritual, subastar tu alma implica en vender al mejor postor por papel moneda, bienes y beneficios tu dignidad, tus valores, tus principios, tus virtudes, tus dones, todo aquello por lo cual su madre desde su nacimiento le inculcó y que engloban todas esas sabias palabras que salían de su boca para orientarlo en la vida, es resquebrajar por*** completo los mandamientos de Dios, es traicionar a su familia, es navegar a la deriva, es traición a su País, es colaborar con la destrucción del mundo, es ayudar a que el hambre en el planeta se incremente, es acabar con la naturaleza, es insultar a todos los que depositan confianza en usted; subastar su alma es creer que nadie lo está viendo, pero recuerde que para Dios no hay nada oculto, y cuando usted lo hace literalmente está diciendo: - ¡no me trates como un ser humano racional, soy algo que ha perdido todo su valor espiritual!, no importa si gana mucho dinero y amasa jugosos bienes, una persona que ha vendido su vida y tal vez empeñado la de sus hijos es un ser vacío y sin identidad, porque tarde o temprano cosechará lo que ha sembrado. Y repito: - cuando alguien se vende al mejor postor ya pierde su libertad que por *nacimiento le ha sido otorgada, ahora será dependiente siempre de su comprador, y lo peor son las consecuencias desgarradoras en la conciliación de su sueño, porque no hay nada mejor que dormir con una conciencia limpia y sin temor a ser descubierto y puesto a la luz pública como un individuo que le vendió a otro su alma por cosas materiales.*

- *El caballero muy impactado por tan desgarradoras palabras de, le dice: - ¡oiga me ha dejado sin palabras!, que descripción tan perfecta para la corrupción en el mundo, me ha hecho reflexionar enormemente; a veces pensamos que aceptar o hacer uso de nuestro poder para conciliar beneficios personales no hace mal a nadie, y usted me ha dejado claro que graves repercusiones comienzan por uno mismo; ya entiendo cuando mamá me decía: - "hijo serás un gran hombre de bien, practica los valores aprendidos en casa, trata de ser cortés, amable, actúa con humildad, no aceptes chantajes, mantén siempre en alto el apellido de tu padre que siempre se caracterizó por ser honesto y agradecido con Dios". La diferencia entre un buen hombre y uno malo radica en los grandes valores y principios aprendidos en casa y que nos marcarán hasta el fin de nuestros tiempos, y con esto realzo una frase que leí hace tiempo:* **"No te compran si no te vendes".**

- *Ante estas sabias palabras llenas de mucha reflexión, Jennifer le dice: - para finalizar esta agradable conversación, permita que le lea lo siguiente: -* **"El Ser Libre es muy consciente de su individualidad, aprecia los valores espirituales. Una persona libre disfruta conscientemente de todo lo que le brinda la vida, no pierde su tiempo quejándose, lamentándose y criticando para que las personas, las cosas y las circunstancias sean de otra manera. La persona libre obtiene lo que** *desea y vive con gran entusiasmo, trabaja honradamente, cuida todo detalle para gozarlo, no se deja amilanar por las dificultades, las enfrenta y saca provecho de ellas. En circunstancias difíciles, actúa de la mejor manera, esto es, aceptar con <u>sabiduría</u> lo que es y como es, pero no permite que se le convierta en sufrimiento o angustia".*

- *Luego de esa hermosa reflexión, aquel hombre se levantó de su silla y con cortesía pidió darle un fuerte abrazo a Jennifer, y exclamó: - muchas personas como tú harían la diferencia en este mundo que se ha vuelto corrupto, te felicito, que tengas una bonita tarde.*

- *Y así, Jennifer continuó su camino llevando el mensaje de la honestidad y de los valores a cada rincón de su destino sin importar raza, sexo, creencias, proselitismo político, edad...*

... ¡Seamos mensajeros de Dios, seamos como

Jennifer!

..."No te compran si no te vendes"

FIN